DEUXIÈME

RÉCIT EXACT

DE CE QUI S'EST PASSÉ A PARIS,

RAPPORTÉ

A LA CHAMBRE DES DÉPUTÉS,

DANS LA SÉANCE DU 10 JUIN 1820.

M. de Villèle, vice-président, occupe le fauteuil.

Aussitôt après la lecture du procès-verbal, M. Lafitte demande la parole. [Mouvement d'impatience à droite et au centre de droite.]

Messieurs, dit l'honorable membre, je m'oppose à l'adoption du procès-verbal, et je vais exposer sommairement les motifs qui m'y engagent. Je me suis abstenu, ces deux derniers jours, de paraître à cette tribune, parce que mon intention n'est pas de prolonger, sans nécessité expresse, vos délibérations. Mais aujourd'hui je ne pourrais plus garder le silence sans manquer à mes devoirs; je dois, comme député de Paris, vous prévenir des dangers qui nous menacent, vous faire connaître la situation de Paris, et vous prouver que nous ne sommes pas libres dans nos délibérations. [Murmures à droite. — Interruption.]

M. le président rappelle, avec fermeté, les interrupteurs au réglement.

Depuis huit jours, continue l'honorable membre, le sang n'a point cessé de couler dans la capitale. [Nouvelles exclamations à droite.]

A gauche : Ecoutez ! écoutez !

Depuis huit jours, répète l'orateur, le sang n'a point cessé de couler dans la capitale, et hier soir il a coulé d'une manière plus effrayante encore que les jours précédens. Il est plus que temps de mettre un terme à de pareils excès. Je suis muni d'une pièce, signée des hommes les plus notables, les plus intéressés au repos et à la tranquillité, et je vais la faire connaître à la chambre. Ce n'est pas la seule que j'aie entre les mains ; une foule d'autres m'ont été remises, et depuis ce matin ma maison n'a pas désempli. [Profonde impression.]

M. Lafitte donne lecture de cette pièce, qui est ainsi conçue.

Paris, 10 juin 1820.

Messieurs les députés du département de la Seine, à Paris.

Messieurs,

« Les habitans du quartier de la porte Saint-Denis, consternés des événemens déplorables qui se sont passés hier soir sur le seuil de leurs portes, vous en adressent la narration fidèle. Ils vous prient d'en soumettre le tableau à la chambre, afin d'en invoquer la protection pour éviter que de semblables horreurs ne se renouvellent à l'avenir. Voici les faits :

» A huit heures du soir, les boulevards de Bonne-Nouvelle à la porte Saint-Martin étaient couverts par plus de cent milliers d'habitans, hommes, femmes et enfans. Aucun cri, aucune action n'avaient troublé l'ordre public, lorsque tout-à-coup arrivèrent plusieurs détachemens de troupes, parmi lesquels se faisaient distinguer les cuirassiers de la garde royale, brandissant leurs sabres. A leur présence, des cris de *vive la Charte* ! se firent entendre.

» Leurs chefs leur donnent ordre de charger, et ils s'élancent sur cette immense population, qu'ils font refluer sur toutes les rues adjacentes, et notamment sur la rue Saint-Denis, sabrant tout ce qui se trouve devant eux. Un mari et sa femme, qui s'étaient abrités chez un marchand d'eau-de-vie et de tabac, rue Saint-Denis, au coin de la rue de Tracy, en sont arrachés et frappés chacun d'un coup de sabre. Ils furent recueillis sanglans par le portier de la maison rue de Tracy, n.° 15, où on appliqua les premiers appareils.

» Un homme âgé de 55 ans fut frappé, abrité sous les colonnes du portail Saint-Chaumont ; il reçut un coup de sabre à l'occiput, et fut pansé par M. Wilhemmoens, pharmacien, rue Saint-Denis, en face de la rue de Tracy. Un homme tomba frappé à mort dans la maison de M. Floriet, marchand de vin, au Lion-d'Or, en face Saint-Chaumont ; n'ayant point de papiers sur lui, il fut porté à onze heures et demie du soir à la Morgue par quatre soldats de ligne commandés par un caporal, la gendarmerie n'ayant pas voulu accompagner le corps.

» Les cuirassiers donnèrent des coups de sabre à travers les carreaux du marchand de vin, et une moitié de sabre en resta sur le comptoir..... »

M. de Corcelles, de sa place : La voilà !

L'honorable membre montre la moitié d'une lame de sabre de cuirassier. [Agitation dans l'assemblée].

« Nous ne doutons pas, Messieurs, que ce ne soit contre les intentions du gouvernement que de pareils excès aient été commis ; mais nous demandons instamment que la police de nos quartiers soit confiée à la garde de ses habitans, intéressés, plus que tous les corps armés, au maintien de l'ordre et de la tranquillité publique »

[*Suivent une foule de signatures de négocians et de propriétaires*].

M. Lafitte continue :

Une infinité d'autres personnes ont été grièvement blessées. Je puis citer un enfant qui passait par hasard dans la rue, et qu'un cuirassier a frappé d'un second coup de sabre, après l'avoir manqué du premier coup. Alors un gendarme [je me plais à rendre justice à son humanité], un gendarme l'a pris dans ses bras, lui a prodigué ses soins et a fait panser sa blessure.

Ainsi, Messieurs, vous le voyez, les soldats sont égarés, exaspérés, animés à dessein contre les citoyens, qu'on leur représente comme des factieux : ces désordres sont intolérables. Il est impossible qu'on ne fasse pas partir de cette tribune des avertissemens qui puissent parvenir jusqu'au pied du trône. Le roi est trompé, trahi peut-être... [Vive sensation], et le danger est plus grand qu'on ne l'imagine.

Je n'ignore pas que les paroles que je prononce vont encore augmenter l'indignation générale, qui était hier à son comble, mais puis-je me taire, moi, député de Paris, quand je vois mes concitoyens impitoyablement sabrés sans avertissement et sans nécessité? Jamais on n'a vu un abus plus révoltant de la force. Il est constant que pas une seule injonction n'a été faite aux attroupemens par les officiers civils, et des personnes sortant du spectacle ont été frappées dans les rues écartées. [Profonde consternation].

Certes, je ne viens pas ici faire l'apologie des attroupemens ; je suis autant que personne intéressé au maintien du bon ordre. Mais il faut examiner ici avec franchise si les citoyens sont coupables, et par qui ils sont provoqués. Par qui, Messieurs? par les ministres .. [Cris à droite].

Oui, Messieurs, c'est par les ministres, qui ont amené ces troubles par des lois d'exception, et les ont continués par des mesures odieuses, illégales, et par une révoltante partialité. L'année dernière, M. le garde-des-sceaux vous disait que c'était dans l'anxiété de la France que nous devions voir nos devoirs tracés. Eh bien! quels étaient alors nos devoirs ! de maintenir la Charte et nos institutions, de poursuivre franchement la route constitutionnelle. On a pris la route opposée , et vous voyez où elle nous a conduits.

Evidemment cette chambre n'est plus libre. Comment pourrait-elle l'être lorsque de tous côtés les libertés de la nation sont renversées. On a détruit la liberté individuelle sous l'odieux prétexte d'une complicité jetée sur toute la France. L'opinion est trompée , égarée par la loi qui a enlevé la liberté de la presse. La vérité est proscrite , la censure fait triompher le mensonge et l'erreur. Le droit de pétition n'a pas été respecté davantage. Cent mille électeurs ont demandé le maintien d'une loi : on les a traités de factieux.

Faut-il donc s'étonner que la nation sente profondément les outrages qui lui sont faits tous les jours ! Faut-il s'étonner qu'elle s'exagère peut-être les mauvais desseins conçus contre elle ?

J'e n'approuve pas les attroupemens, je le répète , mais est-il donc étonnant qu'une nation qui a combattu si long-temps pour ses libertés ne puisse pas se les voir ravir de sang-froid ? Est-il donc étonnant que des citoyens, qui ne peuvent pas faire parvenir leurs vœux dans cette enceinte, cherchent à les exprimer le plus légalement possible...
[Violens murmures à droite. Interruption].

Plusieurs voix : La révolte n'est pas légale.

M. Lafitte : Sous un gouvernement représentatif, on ne peut pas dire qu'il y a révolte lorque des citoyens sont rassemblés sans proférer aucun cri séditieux.... [Explosion de voix à droite et au centre de droite].

M. de Montcalm: Ce n'est pas vrai.

A gauche : C'est vrai. Continuez.

M. Lafitte : Je sais que des cris séditieux ont pu être proférés. Mais par qui ! par des agens de la police , et non pas par les citoyens paisibles , par les citoyens amis de la Charte. Voulez-vous une preuve incontestable de l'existence de ces agens provocateurs ? La voici : Dans un café non éloigné de cette Chambre , une bande de mauvais sujets, de véritables garnemens, sont venus proférer des vociférations. Eh bien ! ils ont oublié sur la table les instructions de la police. Les voici. Je les tiens. [Silence d'étonnement]

Espérons cependant qu'il n'en sera pas à Paris comme à Nîmes , que la Chambre ne sera pas le collége électoral de Nîmes, et que nous ne serons assassinés à notre porte.

Je disais donc que les citoyens exprimaient leurs vœux le plus légalement possible , et à moins de décider que le cri de *vive la Charte* ! est un cri séditieux, je dis qu'il n'y a rien de séditieux dans les attroupemens ; que vous devez remplir à leur égard toutes les formalités exigees avant de les faire charger par les troupes , et qu'enfin tous les coups portés, sans avoir rempli ces formalités, sont de véritables assassinats. [Mouvement d'approbation].

(5)

Messieurs , le mal est plus grand que vous ne croyez ; l'indignation de la capitale est à son comble. Ce ne sont plus seulement de
ces jeunes gens que vous dites égarés ; l'agitation gagne les classes
populaires. [Cris à droite. — Vive agitation].

M. Puymaurin : Ce sont des gens payés.

M. Lafitte : Dans tous les cas, vous seriez plus à même que moi
de savoir qui les paie. Quoiqu'il en soit, il est certain que les troubles augmentent à chaque moment. La journée d'hier a été la plus
désastreuse ; celle de demain pourra l'être encore d'avantage ....
[Nouveaux cris à droite].

M. Bourdeau : Vous êtes donc bien instruit ?

M. Lafitte Je méprise les interprétations fausses et mensongères ; elles ne peuvent m'atteindre. Je répète donc que la journée
d'hier a été celle qui a montré les rassemblemens les plus nombreux,
qui a été la plus désastreuse dans ses résultats, et que celle de
demain le sera peut-être encore davantage, parce que c'est un jour
férié, et que ce jour-là les ouvriers sont plus libres de se réunir : Je
crains que les mesures ne soient mal prises, et que celles qu'on croit
utiles pour maintenir la tranquillité ne soient celles qui contribueront
à la troubler.

Pourquoi la garde nationale qui, dans deux circonstances remar-
quables, dans deux grandes révolutions, et lorsque trois cent mille
étrangers occupaient la capitale, a su maintenir l'ordre, pourquoi
cette garde nationale n'est-elle point employée dans le moment
actuel? Je ne demande point que Paris soit dégarni de troupes ;
au contraire, je désire qu'elles restent, mais qu'elles ne soient
pas employées mal à propos. Je crois les troupes animées du meil-
leur esprit ; et si on ne s'attachait pas à leur persuader que les habitans de cette ville sont des séditieux et des rebelles, certes, elles
ne seraient point disposées à les traiter en ennemis.

Je demande que MM. les ministres veuillent bien nous donner
des éclaircissemens sur les moyens qu'ils comptent employer pour
rétablir la tranquillité et pour arrêter le massacre. Je crois qu'ils
doivent être d'autant plus affligés de ce qui se passe, qu'ils sont les
premiers depuis long-temps dont l'administration ait fait couler le
sang français.

Je m'oppose à l'adoption du procès-verbal. Je ne crois point nos
délibérations libres. Si elles l'étaient, je ne crois point que nous
puissions adopter une loi flétrie dans l'opinion publique, entachée
de sang, et devenue la cause des désordres les plus déplorables.
[Vive sensation. Des applaudissemens ont été entendus dans les
tribunes].

M. de Montcalm demande la parole. Il raconte qu'étant allé se
promener hier soir dans le quartier Saint-Martin, il a vu environ
deux cents hommes en costume d'ouvrier ; ces gens étaient évidem-
ment *soldés*. Ils criaient vive la Charte ! rien que la Charte ! et

(6)

autres cris. Il y avait parmi eux une vingtaine de meneurs, et ils ne couraient aucun danger, car lorsque la cavelerie arrivait sur eux ils se mettaient à couvert derrière les barrières; ils excitaint les citoyens à se défendre contre la force armée. Les patrouilles de gardes nationaux et de gendarmerie, à pied et à cheval, ne pouvaient dissoudre les attroupemens.

M. Casimir Perrier : Messieurs, comme député de Paris, il est pour moi d'un devoir impérieux d'appuyer la proposition de mon honorable collègue M. Lafitté, et de demander sur-tout qu'on emploie la garde nationale de Paris pour mettre fin aux troubles qui affligent chaque jour cette cité, et qui donne lieu à l'effusion du sang d'un grand nombre de ses habitans. Ces événemens, Messieurs, sont trop connus pour que nous ne cherchions par à éclairer le gouvernement sur les moyens de mettre un terme à ces désordres, et je m'étonne de l'impatience que témoignent plusieurs de nos collègues qui ne veulent pas nous permettre de tranquilliser nos concitoyens, en éveillant l'attention de l'autorité sur les suites déplorables dont nous sommes chaque jour spectateurs.

A Dieu ne plaise, Messieurs, qu'il sorte de ma bouche aucune parole propre à exciter les passions ou à affaiblir le respect que l'on doit à l'observation des lois. Personne n'est plus persuadé que moi que force est dû au gouvernement et à la justice ; mais d'un autre côté, sûreté, protection et impartialité sont dues aux citoyens. Je dois dire qu'un cri général s'élève de toutes parts pour accuser les agens de l'autorité de négliger les formes ordonnées par les lois, conseillées par la prudence, indiquées par les localités pour le déploiement et l'usage de la force armée, à laquelle une nécessité malheureuse oblige quelquefois de recourir.

Sans remonter à la discussion qui nous occupe, plusieurs causes peuvent être assignées à l'origine et à la prolongation des mouvemens désordonnés qui ont eu lieu depuis quelques jours, 1.º l'événement de samedi, qui n'a été suivi d'aucune punition, et dont les coupables, d'après les récits impartiaux de témoins oculaires, étaient protégés par une police occulte qui semblait paralyser la police du gouvernement et la force militaire ; 2.º la partialité du gouvernement dans les explications qui vous ont été données à cette tribune par MM. les ministres ; car les hommes de bonne foi ne peuvent se dissimuler que si les ministres peuvent nous donner pour excuse qu'ils ont été trompés, il n'en est pas moins vrai que dans le récit des faits ou des causes auxquelles on attribue les événemens de samedi et des jours suivans, tout a été altéré ou dénaturé.

Et pour ne citer qu'un exemple, tout Paris n'a-t-il pas été indigné de l'espèce de légèreté avec laquelle les ministres se sont occupés de l'attentat fait à la représentation nationale tout entière, dans la personne d'une partie de ses membres ? et cette indignation ne doit-elle pas redoubler, lorsqu'à tout instant l'on voit sabrer les habitans les plus tranquilles et les plus innocent ! Car il est nécessaire de vous dire, Messieurs, que hier M. le duc de réggio, commandant de la garde nationale de Paris, se promenant en habit bourgeois, a été renversé et sabré par la force militaire ; et certes, on ne l'accusera pas d'être un provocateur ou un factieux. [Vive sensation].

Un pareil événement ne doit-il pas dessiller les yeux à tout le monde, et prouver qu'il n'y a ni ordre ni sureté, pour la capitale et par conséquent pour la représentation nationale ? Je ne puis m'empêcher de remarquer encore ici, en parlant d'elle, que MM. les ministres n'ont pas daigné faire insérer un seul mot dans les journaux à leurs ordres, ou dans le journal officiel, pour rassurer les citoyens des départemens sur l'indépendance et la sureté de ceux qui discutent dans cette enceinte une loi à laquelle ils attachent un si grand intérêt.

Il est temps, Messieurss, pour la sécurité de la capitale, du trône et de la France, de mettre fin à des désordres qu'une faction anti-nationale a intérêt de prolonger, mais qu'il serait si facile de réprimer, et qui le seraient déjà si les mesures nécessaires à la paix publique étaient ordonnées par une police plus prudente ou plus capable.

Ministres, le résultat des événemens est sous votre responsabilité. Pour l'amovr de la paix et du roi, montrez-vous inaccessibles aux passions des partis ; parlez seulement au nom de la loi, employez de préférence, pour la faire respecter, cette garde natio nale à qui nous rendons tous une éclatante justice ; c'est à elle qu'i appartient sur-tout de faire cesser l'état de trouble où nous vivons, de prévenir de nouveaux malheurs, et d'éviter enfin le danger qu'il peut y avoir à développer tous les jours l'appareil militaire au milieu d'une population immense où chacun peut se rappeler qu'il a été soldat. [Bravo! bravo ! à gauche].

M. de Serre. On vient de chercher à exciter votre douleur et votre indignation. Messieurs, vous devez séparer ces deux sentitimens. Votre douleur doit être grande de voir une révolte préparée dès si long-temps, continuer toujours. Quant à votre indignation, elle doit éclater contre ceux qui ont organisé cette révolte, et qui ne se lèvent de cette tribune que pour venir vous développer leur système.

Ce système, il est facile de le suivre. D'abord on a espéré intimider le gouvernement par des pétitions. Cette manœuvre n'a point réussi, alors on a recours à la force ; on veut par des mouvemens populaires s'opposer à la marche légale des chambres et de l'autorité.

De ce système à la révolte, il n'y a qu'un pas.

J'en viens aux événemens d'hier soir. La rébéllion est organisée ; elle a ses chefs et ses mots d'ordres, ses manœuvres. Hier, deux troupes étaient formées ; l'une, sortie du Faubourg S.ᵗ-Germain, voulait se diriger par le quartier S.ᵗ-Marceau ; mais arrêté sur l'Estrapade, elle fut obligée d'abandonner son dessein : elle échoua complétement.

L'autre troupe se porta sur le boulevart S.ᵗ-Martin et dans les quartiers adjacents. La foule qui se trouvait là étant augmentée encore par l'affluence des personnes sorties du spectacle , des attroupemens se formèrent; des cris furent poussés et on en a entendu qui étaient dirigés contre le roi. J'ai dans les mains le procès-verbal qui en a été dressé immédiatement.

Les officiers de police cherchèrent à dissiper les attroupemens , ils échouèrent. Les gardes nationaux échouèrent également. La gendarmerie , le sabre dans le fourreau , fit également des tentatives infructueuses. La fureur des séditieux ne fit qu'augmenter. La gendarmerie fut serrée de près ; elle se vit dans l'impossibilité de se dégager. Il fallut chercher du secours.

Un escadron de cuirassiers , ayant un lieutenant-général à sa tête, arriva sur les lieux. Des sommations furent faites pour engager les réunions à se dissiper. On y répondit en chargeant les troupes avec des bâtons et des pierres. Alors il fallut repousser la force par la force.

Voici, Messieurs , les cris qu'on a poussés :

« Vivent nos frères de Manchester » !

[Eclats de rire au côté gauche]

Messieurs , le procès-verbal a été fait par un lieutenant-général et par un chef de l'état-major ; il est conforme à un acte dressé par la police. Je conçois que ceci paraisse étrange. Moi aussi, en supposant que ces attroupemens fussent composés de mécontens du gouvernement, et que ces hommes, sortis des ateliers et portant encore leurs habits de travail, entendissent nos discussions et eussent des idées arrêtées sur l'élection directe et l'élection à deux degrés, je n'en comprends pas d'avantage ce cri de vivent nos frères de Manches-. ter. Mais ce cri fait partie du système qu'on a adopté.

Je reprends le procès-verbal. On a crié : A bas les chambres! à bas les députés! à bas les cuirassiers! Ces cris semblaient en partie dic-. tés par le résultat de nos délibérations.

Il existe un complot ou plutôt une conspiration. Depuis long-. temps le gouvernement connaît son existence et suit ses traces. Nous espérons bientôt en dévoiler la trame , et atteindre les coupables.

Des efforts sont faits à cette tribune pour enflammer les passions , pour justifier les actes séditieux... (Murmures au côté gauche).

Messieurs , je suis dans mon droit ; j'attaque les discours et non les personnes.

Au côté gauche : Vous attaquez les deux députés de Paris qui ont porté la parole.

M. Lafitte : Je suis au-dessus de pareilles attaques.

M. le garde-des-sceaux reprend : Que devez-vous penser de ces.

efforts conpables ! On accuse le gouvernement de répandre le sang· Ces mots ont été les premiers qui ont frappé mes oreilles lorsque je suis entré dans la chambre , et je voulais immédiatement m'élancer à cette tribune pour répondre. Oui , si le sang coule , ce sang retombera sur vous.

Que devez-vous penser de ce reproche fait au gouvernement sur l'emploi de la force armée ? Je le demande à la conscience de la chambre , si dans les circonstances actuelles le gouvernement était désarmé , que deviendrait la patrie et l'Etat ?

On nous propose de suspendre nos delibérations : c'est un prétexte honteux et dont il est facile de voir le but. Dans ce moment de danger , les assemblées , loin de fuir , doivent plutôt se déclarer en permanence, et se réunir au trône pour conjurer ces dangers. (Bravo! bravo ! au côté droit).

M. Benjamin Constant demande la parole. Aussitôt les cris de la clôture ! la clôture ! se font entendre au côté droit et au centre.

M. Benjamin Constant demande à parler contre la clôture. M. le président agite long-temps sa sonnette , et rétablit le silence.

Messieurs, je demanderai à entrer dans quelques détails.... [Non, non ! ce cri se fait entendre continuellement.]

Je demande à répondre à quelques observations de M. le garde-des-sceaux. [Non , non !]

Je crois qu'il est possible de parler sur les événemens qui nous occupent , sans enflammer les passions , et en indiquant leurs causes réelles.

M. de Chabrillant : Cela ne vous regarde point.

M. Benjamin Constant : Sans vouloir examiner si cela ne me regarde point et si cette expression est convenante ou même constitutionnelle , je répète à la chambre que je désire répondre à M. le garde-des-sceaux. [Bruit, tumulte, agitation dans toutes les parties de la salle].

La clôture ! la clôture !

M. Mechin. Je conjure la chambre de ne point clorre la discussion. J'ai à répondre par des faits très-graves aux inculpations de M. le garde-des-sceaux. Je puis prouver qu'il est absolument dans l'erreur sur ce qui s'est passé hier.

La clôture ! la clôture ! Non ! non. L'agitation augmente , M. le président agite long-temps la sonnette; le silence ne se rétablit point.

M. d'Hautefeuille , après avoir parlé quelques instans avec M. le garde-des-sceaux, s'élance à la tribune, où se trouve encore M. Benjamin Constant et M. Méchin.

Je demande, dit-t il, le comité secret.

M. Benjamin Constant : Je demande également le comité secret.

MM. de Chabillant, Demarçay , Méchin , Doria , se succèdent à la tribune , et réclament le comité secret.

La demande de cinq députés étant suffisante pour que la chambre se forme en comité secret , et plus de cinquante membres du côté droit et du côté gauche l'ayant successivement réclamé, M. le président donne ordre de faire évacuer les tribunes.

M. de Serre réclame la parole. Il dit quelques mots à M. le président, qui aussitôt fait suspendre l'évacuation des tribunes.

M. de Serre. Cinq membres ont demandé le comité secret. [Bruit à gauche : Dites cent membres.] Cinq membres ont demandé le comité secret, il aura donc lieu, si les honorables membres qui l'ont demandé persistent à le vouloir. [Non ! non ! au côté droit.] Toutefois j'ai cru devoir faire quelques observations à cet égard. La discussion qui nous occupe a été commencée en séance publique ; si vous la terminez en comité secret, il pourrait en résulter de graves inconvéniens. Ou bien la chambre est suffisamment instruite, et alors elle fermera la discussion ; ou bien elle ne se croit pas assez éclairée, et dans ce cas je demande que la séance publique continue. [Agitation, mouvement d'incertitude.]

M. Casimir Perrier [parlant au milieu du tumulte :] M. le ministre a lancé contre plusieurs de mes honorables collègues de graves accusations. Nous ne pouvons souffrir que la discussion soit fermée avant d'y avoir répondu. Si on veut consentir à nous laisser la parole pour réfuter M. le garde-des-sceaux , nous nous désistons du comité secret ; sinon nous devons continuer de le réclamer. Oui, nous voulons prouver que des députés qui réclament contre l'assassinat de leurs concitoyens ne sont pas des factieux.

M. Courvoisier : J'ai voulu m'opposer au comité secret ; je crois qu'il y aurait de l'inconvénient à l'adopter. Il y en aurait également à fermer la discussion. M. Benjamin Constant nous a déclaré que son intention n'était point de chercher à animer les passions ; nous devons croire à cette assurance. Je demande que la parole lui soit accordée.

On ne demande plus la clôture ni le comité secret.

M. Benjamin Constant : Je dois répondre à quelques observations de M. le garde-des-sceaux. Il a voulu jeter de la défaveur sur mes honorables collègues qui ont parlé dans cette séance , et sur tous ceux qui ont cru devoir vous occuper des sinistres événemens qui se passent depuis huit jours. Mais, je vous le demande, pouvons-nous, députés de la France , voir avec indifférence couler le sang français? Ne sommes-nous point tenus d'arrêter le massacre de nos concitoyens?

Sans entrer dans les motifs des attroupemens qui ont eu lieu les jours précédens, n'est-il pas évident que les moyens de répression ont été mal choisis, et ont servi plutôt à aggraver le mal ?

Mais si nous remontons à la source de ces mouvemens, nous ne pouvons méconnaître qu'elle se trouve dans les événemens de samedi dernier, dans le complot contre la représentation nationale, et dans la manière dont le ministère a considéré ce complot.

Je vous le demande, hommes modérés, vous qui souvent croyez

devoir appuyer les ministres, vous-mêmes n'avez-vous point reconnu la partialité ou l'erreur dans laquelle le ministère se trouvait sur les événemens de samedi? Vous-mêmes n'avez-vous point été révoltés de l'indifférence avec laquelle il a traité ce qui menaçait notre sûreté et notre liberté ?

Un fait est constaté maintenant. Ce complot existe, chaque jour ajoute aux preuves de son existence et de ses sinistes projets. Telle est la véritable cause qui a aigri le peuple. Mais il est faux qu'il ait fait aucune résistance à la force armée : les cris de vive la Charte ont été le seul délit qui a été commis, le délit qu'on a réprimé par des coups de sabre.

M. le garde-des-sceaux vous a dénoncé des cris séditieux. Je crois qu'ils ont eu lieu; mais ils sont poussés par des agens provocateurs, par des agens dont la conspiration de Lyon nous a dévoilé l'existence; ces agens dont les noms ont été imprimés, qui peut-être, et probablement même, se trouvent maintenant ici. Je le demande ; ces agens n'ont-ils point été lâchés encore une fois, afin de reproduire les funestes événemens dont la seconde ville de France a été le théâtre ?

Je ne veux point accuser les ministres d'ourdir cette trame. Certes, je crois qu'ils ont agi dans cette affaire avec peu de loyauté et de franchise envers nous ; mais il est d'autres coupables.

Oui, ce gouvernement occulte qui déjà s'est manifesté dans plusieurs occasions, ce gouvernement occulte qu'on vous a dénoncé à cette tribune, c'est lui qui a fait le complot de samedi dernier. [Murmures au côté droit , interruption].

M. de Castelbajac [avec chaleur] : Prouvez ce que vous avancez Qu'a-t-il fait ce gouvernement occulte ?

M. Benjamin Constant : Je ne veux que rappeler les circulaires n.ᵒˢ 34 et 35. Quant à vous prouver ce que j'avance, je puis le faire. Mais, je l'ai déjà dit, ce n'est point ici que je puis nommer les individus que déjà j'ai désignés dans la séance de lundi. Je ne suis point tenu de les nommer ici. Lorsque M. le garde-des-sceaux vous a, il y a peu d'instans, dénoncé un complot, une conspiration; vous ne l'avez point pressé de vous donner des preuves; vous n'avez point le droit de m'en demander.

L'orateur du ministère vous a lu un procès-verbal sur des cris qui ont été proférés. Je le remercie de cette communication; mais il est un autre procès-verbal, un autre rapport que nous lui demandons en vain : c'est le procès-verbal des troubles de samedi dernier, c'est le rapport fait à l'autorité militaire ce jour même, rapport qui contient la preuve qu'on a voulu attenter à la vie de trois de vos collègues. [Vive sensation]. Pourquoi ce rapport ne vous est-il pas communiqué quand on vous en apporte de pareils à celui que vous venez d'entendre ? pourquoi des agens provocateurs ne sont-ils point arrêtés ? pourquoi ce parti qui a ourdi le complot de samedi n'est-il point désarmé ?

Mais on trouve plus facile de nous répondre par de vaines allégations ? On aime mieux accuser les habitans de Paris qui veulent la Charte, et qui crient vive la Charte ! et lorsqu'on a répondu à ce cri en les massacrant, on nie cette vérité et on les accuse d'avoir, à coups de bâton, assailli les cuirassiers. Messieurs, plusieurs de mes collègues pourront vous prouver que des coups de sabre ont été donnés sans provocation ; qu'on n'a point invité les attroupemens à se dissiper ; qu'on a mieux aimé les charger immédiatement.

Voici une preuve de ce fait. Je tiens dans la main une lettre d'un médecin connu de la capitale, attaché à un des hôpitaux, sa lettre est signée, il est prêt à rendre témoignage de tout ce qu'il avance; voici cette lettre.

Ici l'honorable député lit une partie de cette lettre dans laquelle M.., déclare que se trouvant dans la soirée d'hier dans une rue latérale près du boulevard Saint-Martin, il vit un faible attroupement composé en grande partie d'enfans et de quelques hommes et femmes. Les cris de vive la Charte se firent entendre de ce groupe. Un détachement de cuirassiers arrive au grang galop, renverse ces malheureux en leur donnant des coups de sabre; l'officier qui commandait le détachement criait : TUEZ ! TUEZ ! [Interruption].

A l'ordre ! à l'ordre !

MM. Doria et d'Hautefeuille demandent le rappel à l'ordre. [Vive agitation].

M. le président agite sa sonnette.

M. d'Hautefeuille [à la tribune] : L'orateur calomnie un corps qui a fait son devoir. Je demande qu'il soit rappelé à l'ordre.

M. le président : Le rappel à l'ordre est-il appuyé ?

M. Doria à la tribune. Il demande à répondre à l'orateur. M. le président ne lui accorde point la parole, et l'empêche de parler en agitant sa sonnette.

M. Benjamin Constant : Lorsque je cite des faits, on me demande des preuves ; j'en donne ...... [Interruption prolongée].

M. Courvoisier obtient la parole pour l'exécution du réglement. Le réglement, dit-il, défend de lire à la tribune des lettres dont on ne peut garantir l'authenticité. Les députés peuvent citer des faits; alors la chambre peut ajouter foi à leur affirmation.

M. Manuel demande à répondre. Des cris prolongés l'empêchent de se faire entendre.

M. Benjamin Constant : Une portion de la chambre m'a invité, d'une manière assez violente, à donner des preuves de ce que j'avançais ; j'ai cru devoir en donner ; les résultats de la lettre que j'ai citée sont des détails sur le nombre des personnes qui ont été blessées.....

On demande la clôture sur la discussion élevée par M. Courvoisier.

M. Manuel a la parole contre la clôture. On vient d'élever , dit-il , une prétention étrangère et nouvelle. Je prie la chambre d'écouter quelques observations avec lesquelles on peut la repousser. Certes , il est étonnant qu'on veuille interdire la lecture d'une pièce qui prouve des faits qu'on a la liberté de raconter, sur quoi s'est élevé cette contestation. Le signataire de la lettre affirme que le commandant d'un détachement a crié : TUEZ ! TUEZ ! Prétendrait-on que les soldats tuent sans en avoir reçu l'ordre ? Non. On a tué , donc on a crié : TUEZ ! TUEZ ! [Vive sensation].

M. Courvoisier : Je ne veux pas plus que le préopinant qu'on tue les citoyens ; mais je ne veux point non plus qu'on souffle le feu de la guerre civile sur ma patrie. Ces faits qu'on a cités ne parlent point......

M. Dupont [de l'Eure] MAIS LES CADAVRES PARLENT. [Tumulte , agitation].

M. Benjamin Constant : Je ne veux point prolonger cette discussion. Je renonce plutôt à continuer la lecture de la lettre. Mais il est choquant toutefois que les ministres puissent tromper les départemens par une fausse exposition des choses , et qu'on ne nous permette point de rétablir la vérité et de donner des preuves. Les faits que je vous ai cités , je les prends sur mon compte , et je les affirme sur ma responsabilité.

A qui faut-il attribuer tous ces maux ? à la faction dont l'existence n'est point douteuse, à la faction qui a juré de renverser les institutions chères à la nation. Si le ministère avait été moins partial , il se serait gardé d'accuser le peuple faançais et tous les amis de la liberté et du trône.

Maintenant, pour mettre un terme à ces désordres , il faut avoir recours à des mesures plus douces et plus prudentes ; il faut faire un appel à la garde nationale, qui peut seule rétablir la tranquillité publique, il faut aussi empêcher des journaux mensongers d'aigrir les passions en falsifiant les faits , en préconisant le meurtre. Permettez moi de vous rappeler l'attentat commis sur la personne de M. Dubief. Je rends justice à la chambre : une indignation générale éclata lorsque je lui ai rapporté ce fait. Je tiens dans la main un journal qui excuse cet assassinat en disant que c'était un *mouvement militaire* , qui était très-permis dans la circonstance. Cela ne doit-il point d'un côté encourager ceux qui font ces mouvemens militaires ? et d'un autre côté, cela ne doit-il point exaspérer ceux qui en sont les victimes ?

Je déclare que la racine du mal est dans la faction contre-révolutionnaire, et la cause immédiate , c'est la faiblesse du ministere , et la partialité qu'il a montrée dans le premier rapport qu'il vous fit lundi dernier. Pour réparer ce qu'il a fait, il faut qu'il fasse arrêter ces agens provocateurs qui déjà ont été remis en liberté. C'est à eux , à ces hommes soldés par la faction contre-révolutionnaire qu'il faut attribuer les cris qu'on vous a dénoncés. Cette faction a depuis long-temps appelé ces désordres. On doit y voir les efforts du gouvernement occulte qui a voulu prévenir la réunion du ministère avec le parti national. [Mouvement à droite].

Messieurs, on nous accuse de vouloir les révolutions : nous n'aurions rien à y gagner, et nous aussi nous avons à y perdre. Nous ne sommes point des factieux; et nous l'avons prouvé en nous réunissant au ministère chaque fois que le ministère n'a point voulu renverser nos institutions. Qu'il se sépare de la faction qui le domine, alors il aura une majorité dans cette chambre et dans la nation. La majorité d'hier, qui a pour lui le charme de la nouveauté, ne lui restera point.

Je le répète, si le ministère se sépare de cette faction, il est facile de tout calmer ; s'il s'obstine dans la marche qu'il a adoptée, il est responsable des dangers du trône et des malheurs de la France. [Mouvemens prolongés].

M. de Serre : Je dois répondre aux allégations mensongères du préopinant. Il est faux que les troubles soient l'ouvrage du parti qui veut changer la loi du 5 février. Il est vrai, au contraire, que c'est le parti qui veut le maintien de cette loi qui a eu recours à la force, après avoir épuisé les autres ressources.

Samedi dernier, je l'ai dit, deux partis se trouvèrent en présence aux portes de cette chambre. Ils en vinrent aux mains. Quelques députés furent insultés, mais il est de toute fausseté qu'on ait voulu en assassiner trois. Il est faux, de toute fausseté que les troupes sont dans les mains d'une faction. Elles obéissent aux ordres des commandans nommés par le roi.

Il est faux, il est mensonger que les troupes aient tué les séditieux par ordre de leurs officiers. Ceux-ci ont fait tout ce qu'ils pouvaient pour calmer, pour retenir leurs soldats ; mais assaillis, insultés par des furieux, ils n'ont fait que leur devoir.

M. Méchin demande la parole. La clôture ! la clôture!

M. Castelbajac. Je demande l'ordre du jour

M. Méchin. J'ai été témoin de faits qui prouveront que M. le garde-des-sceaux est dans l'erreur. Je demande à les exposer en peu de mots.

Non ! non ! non ! la clôture !

M. Martin de Gray et M. le général Foy parlent dans le tumulte. Ils affirment qu'ils ont des faits très-graves à exposer.

La clôture ! la clôture.

La clôture est mise aux voix et adoptée par les ministres, le côté droit et le centre.

Le côté gauche proteste.

Le procès-verbal est également adopté.

MM. Demarçay et Beauséjour demandent le comité secret. Cette proposition n'a point de suite.

La chambre passe à la discussion des articles du projet de loi des élections. Nous sommes forcés de renvoyer à demain cette partie de la séance. Les art. 2, 3, 4, 5 et 6 du projet de loi sont écartés par l'adoption de l'amendement de M. Boin. Les articles 7 et 8 sont adoptés.

De l'Imprimerie de L. BARNEL, au Jardin-de-Ville, N.º 3.